ANCIENS

SHORTHORNS

TRADUCTION

DE TROIS ARTICLES PARUS EN 1869

DANS LE PREMIER VOLUME

DU *THORNTON'S CIRCULAR*

NANCY

IMPRIMERIE BERGER-LEVRAULT & Cie

11, RUE JEAN-LAMOUR, 11

1886

ANCIENS
SHORTHORNS

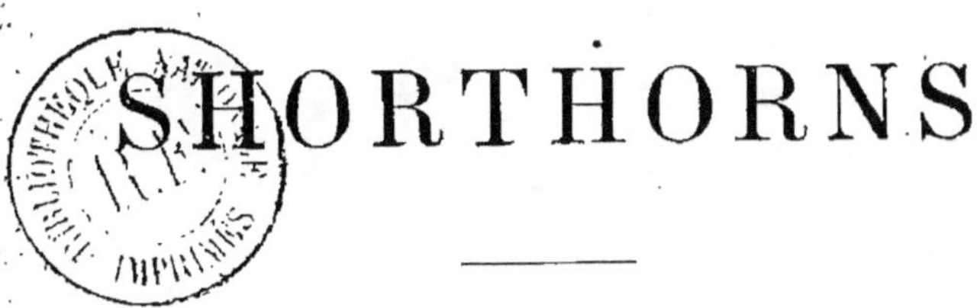

TRADUCTION

DE TROIS ARTICLES PARUS EN 1869

DANS LE PREMIER VOLUME

DU *THORNTON'S CIRCULAR*

NANCY

IMPRIMERIE BERGER-LEVRAULT & Cie

11, RUE JEAN-LAMOUR, 11

1886

J'ai pensé que les éleveurs du Durham
français prendraient plaisir à lire quelques pages contenant de précieux renseignements sur l'origine des Shorthorns,
c'est pourquoi je suis heureux d'offrir à
mes émules en élevage cette traduction
de trois articles parus dans le premier
volume du *Thornton's Circular* que j'ai
fait tirer à 200 exemplaires seulement.

L. GROLLIER.

ANCIENS SHORTHORNS

CHAPITRE PREMIER.

Anciens Shorthorns.

L'extension et le progrès de l'élevage datent de la vente de Charles Colling en 1810. Ce fut la première vente d'un troupeau de Shorthorns ou Teeswater qui réalisa des prix dépassant de beaucoup la valeur ordinaire des marchés. Cette valeur était à cette époque d'environ 20 livres sterling pour une bonne vache ordinaire ou laitière, tandis que les bœufs étaient cotés au marché de Smith-field, le jour qui suit la vente, au prix de cinq ou six shillings la stone de 8 pounds (c'est-à-dire $3^k,628$), en ne comptant pas les déchets.

Cette époque est maintenant si lointaine

qu'il n'est pas aisé de donner des descriptions très exactes de ce troupeau. Comme peu de personnes ayant assisté à cette vente sont encore vivantes maintenant, les seules ressources dont on dispose sont les récits qu'ont pu donner les témoins oculaires, et qui ont reçu des additions et des corrections avant leur publication. Beaucoup de ces informations entièrement nouvelles pour le public, sont marquées au coin de l'authenticité la plus digne de foi.

On considère généralement que les bêtes bovines ont été importées dans le nord de l'Angleterre par les Danois, avant la conquête des Normands. D'autres importations du continent suivirent, plus spécialement dans le district de Holderness, et une similitude de caractère a été fréquemment observée entre les bestiaux du nord de l'Europe et ceux du nord de l'Angleterre. Ainsi, récemment, en 1838, M. Torr, voyageant alors en Hollande, visita la foire d'Utrecht et vit un grand nombre d'animaux « entièrement ressemblants aux Shorthorns ordinaires ; ils étaient de remarquables laitiers, d'assez bonne conformation avec une peau moelleuse au toucher, de jolies cornes couleur de cire et une grande variété de pelage. »

La riche terre de pâturages le long de la vallée de la Tees était de sa nature l'habitat (*the home*) des bons bestiaux. M. Bailey, l'historien des Durham, dit en 1810 : « Les troupeaux élevés sur les deux rives de la Tees avaient reçu l'appellation de *Teeswater breed* (élevage des bords de la Tees). Environ vers 1740, leur couleur était rouge et blanche ou blanche avec un petit peu de rouge au cou, ou rouanne. Cette couleur, qui était la même que celle des Shorthorns améliorés, rend probable la communauté d'origine. » M. John Wright, né en 1784 à Lowfields, près Catterick, un juge bien connu et qui était à l'origine considéré comme auteur du *Herd Book*, dit, d'après ses plus anciens souvenirs, que les vaches Shorthorns étaient très grandes, massives, d'une ampleur considérable avec de la largeur et de la substance, d'une robuste constitution, le plus souvent marquées de rouge et de blanc, le corps blanc avec le cou taché de rouge ou de rouan, les oreilles rouges, la tête blanche, le nez fréquemment noir et un peu long, les cornes couleur de cire.

Quand la nature est laissée libre, généralement elle se reproduit elle-même. Il existe maintenant un troupeau de Shorthorns ayant un pedigree à Walton Hall, dans le Staffordshire, qui fut créé à l'origine par M. Georges Cowling, de Ricknall Grange, près Darlington, qui élevait des bestiaux de Teeswater depuis une époque reculée dans le siècle dernier, et qui se servit dans les dernières années des taureaux de M. Colling et de M. Charge, appartenant à la famille *Princess*. Son troupeau fut vendu en 1842, et quelques-uns des bestiaux éventuellement trouvés à Walton Hall avaient été élevés *in and in* dans les vingt dernières années. Le propriétaire de ce troupeau écrit : « Les fermiers des environs pensent que les vaches blanches sont d'une constitution délicate, mais je suis convaincu qu'ils se trompent ; je suis convaincu aussi qu'elles sont de bonnes laitières, bonnes pour la reproduction. Les taureaux dont je me suis servi ont presque tous été blancs ; mon troupeau est maintenant en grande partie blanc et les bêtes qui le composent sont tellement pareilles qu'il est difficile de les distinguer les unes des autres. J'en ai quelques-unes avec le cou d'un rouan clair ou d'un rouan foncé brun. D'autres sont blanches avec des taches rouges. »

Quelques vaches de Teeswater furent croisées avec un taureau venu de Hollande. Culley, en 1785, remarque : « Je me souviens d'un M. Michaël Dobison, de l'île Sedgefield, qui, dans la première partie de sa vie, alla en Hollande dans le but d'acheter des taureaux. Ceux qu'il importa rendirent de grands services en améliorant l'élevage, et ce M. Dobison, ainsi que ses voisins, étaient, à mon époque, souvent notés comme ayant le meilleur élevage de bestiaux Shorthorns. Leurs taureaux et leurs génisses furent vendus à de forts grands prix. » M. William St-Quintin et Sir Jos. Pennyman avaient une famille de bestiaux ayant du sang hollandais. Coates, dans le cinquième volume de son *Herd Book*, place au bout de la généalogie de la tribu *Bates' Wild Eyes* cette mention : « descendant du troupeau de M. Michaël Dobinson qu'il acheta en Hollande, il y a plus d'un siècle. » D'autres éleveurs importèrent ensuite des animaux lessivés (de vilaine couleur et grossiers), très en chair avec d'énormes culottes et de grosses hanches. Cela était un tort et la plupart des vieux éleveurs de Teeswater essayèrent de fuir cet écueil.

Culley dit en 1803 : « Le grand obstacle à l'amélioration est la croyance qu'aucun taureau ne doit servir au même troupeau plus de trois ans et que si on le gardait plus longtemps, ce troupeau serait trop près de la consanguinité et qu'une diminution sensible de volume se produirait, ainsi que d'autres désordres. Bakewell, né en 1726, mort en 1795, fut un des premiers à renverser ces notions. Pendant plus de 20 années, il n'a pas fait de croisements et les excellents animaux qu'il éleva dans les plus étroites affinités de sang ne furent ni moins robustes ni plus susceptibles de péricliter que les autres. » Les deux frères Colling élevèrent des brebis de Leicester ou *Bakewells' Dishleys améliorées* et selon toute probabilité, les succès d'élevage qu'ils eurent en appliquant ces principes d'élevage firent que d'autres personnes dans le nord suivirent leur exemple.

M. Culley arrive à dire : « Le malheur des éleveurs de Shorthorns a été de supposer que les meilleurs animaux étaient ceux qui possédaient la plus large et la plus grosse charpente. Leurs idées se sont maintenant élargies et je suis heureux de voir que mes espérances étaient bien fondées. Depuis quelques années, une rapide amélioration s'est produite dans l'élevage des bestiaux Shorthorns, et j'ai raison de penser qu'ils surpassent leurs rivaux les Longhorns, lesquels excellent par la qualité de leur cuir, de leurs poils et de leur viande, de même que les

Shorthorns excellent par la qualité de leur viande, de leur suif et de leur lait. »

M. Bailey écrit ce qui suit au sujet des bestiaux de Durham : « Les visiteurs de Bakewell ayant vu ce qui avait été produit pour les Longhorns au moyen de la sélection et combien on était arrivé à les engraisser de bonne heure, furent conduits à essayer ce qu'ils pourraient faire avec de semblables moyens appliqués aux Shorthorns et de nombreuses sélections furent faites dans ce but avec succès. »

Charles et Robert Colling étaient originairement associés, mais plus tard ils se séparèrent ; Robert alla à Barmpton et Charles à Ketton en 1783. Gabriel Thornton, père de Robert Thornton, de Stapleton, dans le Yorkshire, vint avec M. Charles Colling comme directeur de ferme. Précédemment, il avait été depuis 1774 avec M. Maynard à Eryholme. Quelques remarques de M. Thornton, concernant le troupeau de M. Maynard, poussèrent M. et Mme Colling à aller visiter Eryholme cette même année. Quand ils arrivèrent, une belle vache que Miss Maynard était entrain de traire, attira leur attention et M. Colling offrit d'acheter la vache et sa génisse. Après quelques pourparlers d'un côté et de l'autre, le marché fut conclu et la vache *Favourite*, par le taureau *Alcock*, *19*, ainsi que sa fille *Yonng Strawberry*, vinrent à Ketton. M. Robert Colling dit à M. Viley que son troupeau et celui de son frère n'avaient jamais été meilleurs que depuis l'achat des deux vaches de M. Maynard, et M. Bates écrit que M. Maynard lui a donné un long pedigree de la vache *Favourite*, remontant jusqu'à l'épizootie de 1745.

L'arrière-grand'mère de *Cherry*, lot 1ᵉʳ, fut achetée à la foire de Yarm, par le père de M. C. Colling.

Daisy, lot 11, vint primitivement de M. Waistell, de Great Burdon.

Haughton, la mère de *Foljambe*, 263, vint de M. Alexandre Hall, de Haughton, près Darlington. Son arrière-grand'mère, *Tripes*, qui fut élevée par M. C. Pickering, paraît être issue du taureau *Studley*, 626, et d'une vache élevée par M. Stephenson, de Ketton, en 1739. Il est généralement admis que cette tribu fut l'origine de la présente tribu *Princess*.

Young Duchess, lot 38, connu comme *Bates-Duchess 1ʳᵉ*, vient d'une longue descendance. Elle remonte jusqu'à une vache, par le taureau *J. Brown's Red bull*, 97, et

cette vache fut achetée, en 1784, par M. Charles Colling, de l'agent du duc de Northumberland, qui affirme que cette tribu était en
la possession de la famille du duc depuis
200 ans.

M. Robert Colling et son frère achetèrent
des animaux, d'où sortirent leurs troupeaux,
à M. Milbank, de Barningham ; à M. Hill, de
Blackwell ; à MM. Best, Watson et Wright,
de Manfield, et à sir W. Saint-Quintin, de
Scampton. Tous ces messieurs étaient de
célèbres éleveurs de troupeaux Teeswater.

Hubback, 319, était sans aucun doute un
des premiers taureaux, si ce n'est le premier,
dont M. Charles Colling se servit à Ketton.
La masse de témoignages contradictoires
concernant ce taureau, publiés dans le *Farmer's journal*, vers 1820 et 1821, pourrait
remplir un petit volume, mais il est difficile
de démêler la vérité dans cette histoire.
M. Wright dit que M. Charles Colling allait
chaque semaine au marché de Darlington et
que lorsqu'il remarquait un veau paraissant
excellent, il cherchait à savoir si ce veau
avait pour père le taureau appartenant à
M. Fawcett, de Haughton Hill. Ce taureau
était *Hubback*, 319, qui faisait la monte des
vaches pour un shelling chaque. M. Waistell

et M. Robert Colling achetèrent le taureau en commun au printemps pour dix guinées, et dans le mois d'octobre ou de novembre suivant (on n'est pas d'accord pour savoir si c'était en 1783 ou 1785), M. Charles Colling donna de lui huit guinées. Après deux ans, le taureau fut vendu à M. Hubback, de Northumberland, dont il a pris le nom. Le taureau mourut aux environs de 1791.

On dit que *Hubback* était un petit taureau jaune, rouge et blanc ; la qualité de sa viande, de sa peau et de son poil a été difficilement égalée. Il avait été élevé par M. John Hunter, de Hurworth en 1777 ; il sortait du taureau de M. Georges Snowdon et de la fille d'une vache achetée de M. Stephenson, de Ketton, d'où est venue la famille de la mère de *Foljambe*. Le père du taureau de M. Snowdon vient du troupeau de M. Waistell, de Great Burdon, et sa mère, une magnifique vache remarquable par ses énormes hanches, appartenait à sir James Pennyman.

La mère de *Hubback* était, paraît-il, une très belle petite vache, à courtes cornes, qui fut gardée après que M. Hunter eut quitté sa ferme, et envoyée en pâture sur les chemins. Elle était par le taureau de M. Banks, de Hurworth, « le taureau avec un gros ventre ».

Après qu'elle eut vêlé, elle fut envoyée à Darlington avec son veau et vendue avec lui à M. Basnett ; elle devint si grasse peu après, qu'elle fut tuée.

M. G. Coates, qui vit *Hubback,* le représente comme un taureau de couleur jaune-rouge avec un peu de blanc, une jolie tête, des cornes petites et fines, la poitrine en avant, ferme de maniement, les épaules un peu droites, un bon passage de sangles, les reins, le corps et les côtes très jolis, les hanches extraordinaires, le flanc étonnant.

Foljambe, 263, succéda à *Hubback.* Il était par le taureau rouge et blanc de M. Richard Barker, 52, issu lui-même du taureau rouge de M. Hill (*Hill's Red bull*). Le taureau de M. Barker était de bonne taille et bien proportionné, mais un peu dur de maniement ; il avait remporté un premier prix, comme veau, en 1784, à Darlington, et il est généralement connu sous le nom de *Dicky Barker blacknose.* La mère de *Foljambe* était *Haughton* de M. Hall, déjà mentionnée, et Charles Colling considérait que *Foljambe* était le taureau qui lui avait donné les meilleurs animaux. Il est décrit comme un avantageux et épais animal, bon de maniement, le dos large, la face de couleur foncée, et il fut vendu par M. Coates à M. Foljambe comme Yearling pour 50 guinées. Une autre description le représente comme un grand, fort et avantageux taureau et comme une bête à l'ossature puissante avec grande substance.

Favourite, 252, après tout, a été le taureau le plus employé. Il était par *Bolingbroke*, 86, sorti de *Phœnix* par *Foljambe*, fille de la vache *Favourite*, venant de chez M. Maynard. M. Coates le considère comme un grand animal, rouan léger de couleur, avec un joli regard hardi ; le corps était un peu descendu, le dos bas, mais les autres parties de l'animal étaient très bonnes. M. Waistell dit que *Favourite* était un imposant animal, très grand, très ouvert, avec une belle poitrine, une bonne robe et un aussi bon maniement qu'on pût toucher. Sa mère *Phœnix*, était une grande vache, ouverte, osseuse et plus grossière que sa mère, tandis que son fils *Favourite*, 252, avait pris plus de son caractère et « possédait des reins remarquablement bons, l'arrière-main longue et horizontale, solide et ample ; dans l'avant-main et le cou, il était quelque peu commun et ses cornes, en comparaison de celles de *Hubback*, étaient longues et fortes. » Son père *Bolingbroke*, 86, était par *Foljambe* et *Young Straw-*

berry, la génisse achetée de M. Maynard. Sa couleur était rouge-sang avec un peu de blanc ; il était le meilleur taureau que M. Coates ait jamais vu. *Favourite*, 252, né en 1794, mort en 1809, servit comme reproducteur indistinctement sur sa descendance jusqu'à la troisième génération.

Il est nécessaire de donner ici quelques renseignements sur ce qui est appelé le sang mêlé (*alloy blood*). Le colonel O'Callaghan vivait près de Charles Colling, à Ketton. M. Coates acheta pour lui deux vaches, *red-polled* de Galloway, en Écosse, à David Smurthwaite, et ces vaches furent gardées pour être remplies par les taureaux de Charles Colling, à condition que tous les veaux mâles seraient pour lui comme paiement des saillies. En 1792, un de ces produits, le taureau rayé rouge et blanc, par *Bolingbroke*, 86, fut gardé par M. Colling jusqu'à un an. *Johanna*, une médiocre vache rouge par le taureau *Lame bull*, n'ayant pas été pleine depuis quelque temps, fut livrée à ce jeune taureau et dans le temps voulu, elle produisit un veau mâle blanc et rouge, nommé *Grandson of Bolingbroke*, 280. *Phœnix*, après avoir produit *Favourite*, 252, devint stérile pendant une période de temps ;

mais en dernière ressource, elle fut livrée à
ce taureau *Grandson of Bolingbroke* et en
1796 produisit la vache blanche et rouge
nommée *Lady,* lot 7. Il n'est plus fait mention que ces taureaux de sang mêlé aient été
employés pour une autre famille.

L'importance de ce sujet, les recherches
et les enquêtes nécessaires pour faire un
exposé d'après des renseignements complets,
concernant les premiers Shorthorns, exigent
plus de loisirs que le présent écrivain n'est
capable d'y consacrer. Une notice plus spé-
ciale, relative au troupeau de Charles Colling
et à la vente qui en fut faite, sera donnée
dans le bulletin d'avril avec une réimpression
du catalogue de la vente de Robert Colling,
en 1818.

CHAPITRE II.

Les Shorthorns de Ketton.

Dans le précédent bulletin trimestriel, on
a essayé de démontrer à quelles sources
Charles et Robert Colling avaient puisé la
race primitive d'où descendaient leurs troupeaux.

La première mention se rattachant exclusivement à Charles Colling, comme éleveur de taureaux, est faite dans une lettre de M. Hutchinson, datée de 1821, dans laquelle il est dit que « Charles Colling, un éleveur établi, exposa pour les vendre au printemps de 1790, ses deux premiers jeunes taureaux et réussit à les céder tous les deux. M. Coates, de Smeaton, fut acquéreur de l'un d'eux, au prix de 26 livres et M. R. Thomas de l'autre, pour 23 livres. »

M. Bailey, l'historien des Durham, écrit en 1810 que : « MM. Colling et Mason cédèrent des taureaux, dans le courant de l'année, au prix de 50 et 100 guinées chaque. Le public est tellement convaincu du mérite de ces taureaux que ces célèbres éleveurs ne peuvent pas fournir aux demandes des animaux de pur sang qu'ils sont si soigneux de conserver. Les preneurs de ces taureaux en sont devenus si appréciateurs que les prix qu'ils en donnent sont en proportion des bonnes qualités des individus et des mérites de leur progéniture, plus d'attention étant donnée à leur généalogie qu'à toute autre chose. A cet effet, il est tenu des livres relatant l'entière généalogie de leur famille, semblables au livre du haras des chevaux de course, dans lesquels quiconque ayant besoin d'acheter ou de louer des taureaux peut voir d'où ils tirent leur origine.

« MM. Colling ont fréquemment vendu des vaches et des génisses au prix de 100 livres chacune et des veaux mâles à 100 livres pièce. Charles Colling a refusé 500 livres pour une vache et en 1807, M. Mason refusa 700 livres pour une autre vache. »

Mme Charles Colling s'intéressait beaucoup à la direction du bétail. Ce fut elle qui ridiculisa l'avarice de son mari, qui n'offrait que 30 guinées à M Maynard pour *Favourite* et *Young Strawberry*. C'est aussi en vain que 50 guinées furent offertes à M. Scott pour *Sockburn sall*, l'ancêtre de la tribu *Blanche* actuelle.

Les vaches couchaient dehors dans les champs, ayant seulement un peu de foin qui leur était porté pendant le mauvais temps, mais elles vêlaient toujours dans un endroit chaud. Les veaux avaient du lait frais jusqu'à l'âge de deux ou trois semaines, puis pendant un mois on leur donnait moitié lait frais, moitié lait écrémé, ensuite du lait écrémé avec de la graine de lin, des fèves ou autre nourriture telle que bouillie farineuse ; enfin on les menait à l'herbage, ne leur donnant rien autre chose. Les vaches nourrices étaient réservées pour les veaux mâles, destinés à être loués.

Les éleveurs les plus remarquables qui louèrent la race de M. Charles Colling, furent M. John Charge, de Newton, près Darlington, qui employa *Favourite,* 252 ; M. Mason, de Chilton ; M. Jobling, de Styford ; M. Gibson, de Corbridge ; sir George Strickland ; M. Robertson, de Ladykirk, et M. Ostler, de Aylesby et d'Audby.

Windsor, 698, fut employé par M. Hustler, en 1808 et 1809, et M. Parker, de Malton, l'eut pendant cinq ans. Ce même taureau fut loué par Sa Majesté George III, pendant trois ans, à 40 livres par an, pour le service de la ferme royale de Windsor, d'où il a pris son nom.

Le lecteur doit remarquer que le 1er volume du *Herd Book* ne fut compilé et publié que douze ans après la vente de Ketton ; que la diligence et la chaise de poste étaient les seuls moyens de transport rapide, tandis que les bestiaux étaient conduits à petites journées ou transportés par fourgon à destination.

Les journaux, quoique existant, ne donnaient aucun compte rendu de certains événements ; les seules mentions de vente que l'on retrouve dans un journal sont celles données par le *Times* du vendredi 19 octobre 1810, comme suit : « Bétail. — Afin d'informer vos lecteurs agriculteurs et ceux qui s'intéressent au progrès de l'élevage des bestiaux, je vous communique les détails ci-dessous relatifs à la vente, faite le 11 courant, du célèbre troupeau dont M. Charles Colling, comté de Durham, était le propriétaire et l'éleveur. » Ici suivent quelques-uns des plus hauts prix atteints et les noms des acheteurs : « Le produit de la vente des bêtes bovines et ovines de M. Charles Colling s'élève à la somme de 8,485 livres, et, si j'ai bonne mémoire, la ferme de Ketton n'a pas 300 acres de superficie. L'insertion que vous ferez de la notice ci-dessus, obligera un membre du Smithfield Club. »

La vente eut lieu par un beau jour d'octobre et, le matin de bonne heure, les gens chevauchaient et conduisaient vers Ketton, laissant en arrivant leurs chevaux et leurs cabriolets dans les fermes avoisinantes. Toutes les cours des fermes étaient encombrées et l'affluence à la vente immense ; tout fut mangé, de sorte qu'il fallut envoyer chercher du pain à Darlington. Le commissaire-priseur, M. Kingston, vendait le bétail au sablier et, suivant la coutume du temps, reçut environ cinq guinées pour l'affaire, la charge de la vente retombant plus sur le propriétaire que sur le commissaire-priseur.

Le Révérend Henry Berry écrivant en 1840, dit : « Dans la vente de M. Charles Colling, en 1810, il y avait de très beaux lots élevés avec un croisement de Kyloe et M. Charles Colling déclara publiquement le fait. » Cependant, des témoins oculaires croient qu'aucune déclaration semblable ne fut faite à toute l'assemblée, car, en général, la science du croisement ne prévalait pas, et il est probable qu'elle n'était connue de personne, sauf de Robert Colling, M. Mason et une ou deux autres personnes. Le troupeau ne fut pas nourri pour la vente, mais gardé sans apprêt et vendu lorsqu'il fut dans les meilleures conditions de l'élevage naturel.

La race de Ketton de cette époque est décrite par M. Wright comme étant de grande taille et de grand corps avec de beaux et de longs quartiers postérieurs, l'espace entre la hanche et la côte étant long mais contre-balancé par un large dos et des côtes hautes et rondes. Les épaules des mâles étaient perpendiculaires et les articulations ou saillies des épaules larges et grossières (défec-

tuosité moins apparente chez les femelles).
Le contour général ou profil était majestueux
et imposant, mais leur grande supériorité
était dans leur tendance extraordinaire à
engraisser. Au toucher, la peau était souple
et déliée et la sensation en dessous était
bonne et moelleuse. La couleur était très
variée : rouge, rouge et blanc, rouan, et
l'on trouvait aussi du blanc dans la même
famille; tandis que dans tous les cas d'al-
liances rapprochées, il y avait une tendance
au blanc avec des taches et des oreilles
rouges. Beaucoup de vaches étaient d'excellentes laitières donnant 12 quarts pleins de
lait à chaque repas.

Cherry, lot 1er, était l'une d'elles, une
vache en pleine couleur rouge avec un peu
de blanc, dont les descendants existent à
présent dans le voisinage de Stockton-on-
Tees et Malton, Yorkshire.

On raconte que Charles Colling disait à un
ami, qu'il pensait que *Countess*, lot 4, *Selina*,
lot 5, et *Lady*, lot 7, étaient les meilleures
vaches du monde. Il offrit à M. Mason, qui
s'occupait de croisements, de les mettre en
concours pour un enjeu considérable avec
trois de pure race, mais l'offre ne fut pas
acceptée.

Countess était sans contredit la plus belle vache de la vente, mais elle manquait de poil et de lait ; comme conformation, elle se rapprochait du style de Mason, son dos et son ventre formaient des lignes parallèles. Elle produisit trois génisses et le taureau *Constellation*, 163, appartenant au major Rudd, et mourut en 1816.

Selina avait le style de sa mère *Countess*, mais n'avait pas sa magnifique apparence. Elle engendra dix veaux à Denton Park et ses descendants dans la neuvième et dixième génération vivent encore à Siddington, Gloucestershire et ailleurs.

Lady manquait d'élégance, mais avait beaucoup de corps et bon poil ; sa couleur était rouge et blanche et elle ne produisit qu'un taureau *Sir Charles*, 592, à Cleasby.

Lily, une splendide vache blanche qui fut la femelle payée le plus cher, mais elle ne fit rien en possession du major Rudd.

Daisy, une petite vache rouanne, fut plus productive chez le major Bower ; sa mère *Old Daisy*, qui donnait 32 quarts de lait par jour, a été vendue à M. Hustler, qui éleva d'elle *Fairy*, l'ancêtre des *Lady Abbesses*, au Révérend J. P. Jefferson. Cette *Fairy* fut ensuite achetée par M. Bates, qui la reconnut être le plus beau spécimen imaginable de qualité. Elle avait un poil long, épais et doux, avec une magnifique chair en dessous qui, à un observateur superficiel, semblait dure. Cette vache prenait rapidement de la condition.

Cora, sortie de *Countess*, payée 400 guinées, avait un joli corps rouge, mais de vilaines cornes redressées. Adjugée à 70 guinées, elle fut revendue au major Bower qui éleva dix veaux d'elle..

Magdelene était une petite vache rouge avec une large panse, un gros ventre et des quartiers courts, quoique mère du célèbre taureau rouge et blanc *Blyth Comet*, 85, son seul produit en dehors d'*Ossian*, 476. Elle n'était pas de première classe et manquait de poil ; même sèche, elle était grande mangeuse.

La seule vache que Charles Colling conserva fut *Magdalena*, une grande favorite et une laitière extraordinaire, donnant seize quarts deux fois par jour. M. Whitaker persuada Charles Colling de la lui céder. La tribu nombreuse et bien connue de *Chaff*, descend de cette vache..

Comet, 455, fut le clou de la vente et sa parenté en étroite alliance (il était par *Favourite*, 252, sa mère était par *Favourite*, 252,

venant elle-même de la mère de *Favourite,*
252) ne lui retira rien de sa valeur ou apparence. Charles Colling déclara que c'était le
meilleur taureau qu'il eût jamais vu ou eu.
Il était d'un beau rouan clair, avait le cou
foncé et une belle tête masculine, une large
et basse poitrine, des épaules bien couchées
en arrière, l'estomac et les reins bons, les
quartiers de derrière longs, droits et bien
ramassés, les cuisses épaisses, la queue
pleine et bien rabattue, avec de beaux jarrets
droits et de belles jambes de derrière. Il
avait les cornes de belle dimension, des
oreilles grandes et poilues et une grandeur
de style et de démarche indescriptible. Il
était admis qu'avant lui, on n'avait jamais
vu un aussi bon taureau, et d'éminents éleveurs ont dit depuis qu'ils n'avaient jamais
vu son égal. Sur un point cependant, les
opinions différaient. Quelques-uns objectaient
que ses épaules n'étaient pas bonnes, ou un
peu trop fortes aux articulations ; d'autres
assuraient qu'il était là parfait comme en
tout autre point. L'épaule gauche était légèrement rétrécie, probablement malade, comme
il fût pensé et dit, à cause de sa naissance
incestueuse ; mais, cela peut être venu d'une
violente foulure qu'il reçut étant veau. Quand

on l'amena dans le cercle, il fut mis à 600 guinées. Thomas Newton, un petit laitier de Bishop Auckland, offrit 850 guinées, et comme M. John Wright, qui était à côté de lui, lui demandait pourquoi il enchérissait, il répondit : « C'est pour en tirer profit avec les vaches », et tout en causant le sablier se vida à 1,000 guinées. M. John Hutton, de Marske, qui ne put se rendre à la vente, offrit 1,600 guinées pour lui, ainsi que Sir H. Vane Tempest, qui fut retardé et qui arriva juste comme la vente finissait.

Comet fut placé à Cleasby, à trois milles de Darlington, et fut gardé au parc avec un box libre dans le coin. La condition d'achat fut que les quatre acheteurs lui enverraient annuellement chacun 12 vaches et M. Wright une en plus pour sa garde.

M. Wright mourut sur ces entrefaites, et *Comet* s'affaiblit graduellement, son corps se couvrant de plaies. *Rémus*, 550, fut, suppose-t-on, son dernier veau. Miss Wright avait un homme tout exprès pour *Comet*, et quand le taureau mourut, il fut enterré dans le milieu du paddock et on planta un marronnier sur sa tombe. Jusqu'à ce jour, le paddock a été connu sous le nom d'Enclos de Comet (*Comet's garth*). M. Thornton, de Stapleton, acheta ce champ et l'arbre, étant devenu d'une taille énorme, fut déraciné le 3 février 1865, et le squelette de *Comet* mis à découvert ; sa côte mesurait 2 pieds 1 inche et l'os de la jambe, du genou à la cheville, 9 inches de long et 5 inches de circonférence. Beaucoup d'autres os étaient en parfait état et le tout est conservé dans une boîte vitrée comme curiosité, à Stapleton, près Darlington.

North Star, 458, propre frère de *Comet* et d'un an plus jeune, servit et mourut chez le général Simson in Fifeshire ; il était aussi bon en qualité, plutôt plus fort, cependant pas aussi parfait ni aussi élégant que *Comet*. *Young Phœnix*, leur mère, ne donna qu'un autre produit qui mourut jeune.

Major, 397, un joli taureau, mais pas particulièrement beau, de couleur rouge et blanche, fit pendant de longues années très bonne souche dans le Lincolnshire. Il fut loué par John Charge, qui éleva *Western Comet*, 689, de lui, ainsi que *Gentle Kitty*.

Western Comet fut reconnu être le meilleur reproducteur qu'on éleva jamais dans le Cumberland. Il servit pour ses filles, ses petites-filles, et de cette alliance consanguine vint la tribu de *Wharfdale*, qui eut récemment tant de succès en Irlande.

Petrarch, 488, était un taureau d'une magnifique apparence, mais manquait de poil, tandis que *Northumberland*, 464, qui avait de grosses articulations, fut employé dans le Westmoreland pendant plusieurs saisons, et tous deux devinrent de célèbres reproducteurs.

Kelton, 346, montrait aussi de fortes articulations et alla éventuellement dans le Nottinghamshire,

On dit qu'*Albion*, 14, fit plus de bien qu'aucun autre taureau employé à Killerby.

Young Duchess, connue plus tard sous le nom de *Duchess* 1re, était une belle génisse rouge et devint une grande belle vache, avec une partie du style et de l'élégance de son père *Comet*. Elle ne fut jamais tout à fait une aussi splendide bête que sa grand'mère la *Duchess*, par *Daisy bull*.

Young Countess, une génisse rouge de fortes formes, fut revendue à M. Earnshaw et produisit trois veaux, deux taureaux jumeaux dont l'un fut le célèbre *Count*, *170*, et une génisse rouge et blanche. Elle mourut de la rupture d'un vaisseau en 1814.

Bientôt après que fut tombée l'excitation causée par le résultat extraordinaire de la vente, Sir John Sinclair, qui alors était une

des plus grandes autorités agriculturales de
l'époque, publia un article dépréciant la race
et établissant que le pur sang Shorthorn était
un mélange des autres races. Cela souleva
des controverses. Sir John Sinclair alla voir
Robert Colling et M. Mason, après quoi il
écrivit un second article dans lequel il reti-
rait plusieurs des assertions produites dans
le premier. Pendant ce temps, M. Mason fit
un rapport sur le croisement de Galloway ou
sang mêlé, dans lequel il établissait : « Qu'il
ne se souvenait pas d'avoir vu des éleveurs
expérimentés faire des offres pour l'élevage
mêlé et qu'il était sûr que si Charles Colling
n'avait pas commis cette erreur, son troupeau de Ketton aurait été vendu quelques
milliers de livres de plus. » Ceci fut lu par
le colonel Mellish au King's Head, Darlington,
et causa une grande consternation dans le
voisinage, le catalogue ne mentionnant aucune particularité de la naissance de *Grandson of Bolingbroke*, 280. Beaucoup furent
mécontents et dirent que s'ils avaient connu
le détail de l'affaire, ils n'auraient pas acheté.
M. Robert Colling dit aussi à M. Wiley qu'il
ne doutait pas que son frère avait perdu un
millier de livres en ayant du sang mêlé dans
son troupeau. Ceci, onze ans après, devint,

avec l'élevage de Hubback, l'objet d'une grande discussion dans le *Farmer's journal*, qui dura plus d'un an entre le Révérend Henry Berry et M. H. Cottrell d'un côté, et le major Rudd, M. John Rook et M. John Hutchinson de l'autre.

Il n'est pas question que Charles Colling, qui vivait en ce temps, soit venu publiquement réfuter ces différents rapports, mais dans une lettre privée au Révérend Henry Berry, il écrivit : « Que Hutchinson avait tort au plus haut degré, d'accuser les Colling d'avoir employé le *sang Kyloë* sans y attacher d'importance. » Georges Coates déclare clairement qu'il n'observa jamais rien dans la race désignée pure Shorthorn qui pût le porter un instant à concevoir un soupçon que ces animaux fussent de près ou faiblement alliés aux *Kyloë*. M. Charge aussi bien que MM. Coates et Charles Colling estimaient *Hubback* un pur Shorthorn, et ni lui, ni ses descendants, quand ils furent conduits à des vaches de pur sang, n'engendrèrent de veaux dénotant, par leur couleur ou leur aspect, d'autre race que la pure Shorthorn. Sa race avait un vaste thorax, le poitrail proéminent, un épais pelage moussu, la peau moelleuse, avec une belle chair abondante, également répanduc sur toute la carcasse et étant, soit rouge et blanche, soit jaune-rouan ou blanche. Les produits de sang mêlé augmentaient de taille, de rotondité et de lourdeur de chair, mais, plus tard, semblèrent perdre leur poil et leurs propriétés laitières. Les vaches qui furent le plus haut cotées à la vente furent celles dans la plus haute condition et la plupart étaient de sang mêlé.

CHAPITRE III.

Barmpton Shorthorns.

Robert Colling, l'aîné des deux frères, naquit à Sherningham et dans sa jeunesse fut apprenti chez un grand épicier. Sa santé étant délicate, il retourna chez lui et se joignit à son frère Charles comme associé jusqu'à ce que Charles alla à Ketton. Robert prit la ferme de Barmpton au printemps de 1783 et lorsque précédemment, il résidait à Hurworth, il voyait souvent M. Culley et imitait beaucoup ses principes de culture, plus spécialement celle du navet, et dans l'année suivante, sa propre ferme, à Barmpton, devint célèbre et excellente en tous points. Pendant

longtemps ses moutons de Leicester, tirés
de chez Bakewell, eurent plus de succès que
ses Shorthorns et ses expositions ou louages
de béliers furent continués pendant des
années.

M. Wiley, de Brandsby, lui prit des moutons pendant quatorze années successives et
profitant d'une occasion favorable lui demanda
comment devait être un bon Shorthorn. Dé-
signant un de ses plus beaux béliers, appelé
Shoulders (épaules) à cause de l'excellence
de cette partie, M. Colling lui conseilla d'é-
lever ses bêtes à cornes en prenant ce bélier
comme type. Une de ses expressions favorites
tendait à comparer ses animaux à un baril.
Il n'approuvait point une poitrine ressor-
tante, la préférant un peu courte mais très
forte et large surtout entre les jambes de
devant, parce qu'il considérait que les bêtes
avec les poitrines ressortantes avaient les
épaules minces, l'échine maigre et man-
quaient de largeur et de substance dans les
quartiers de devant.

Les Shorthorns améliorés n'attirèrent pas
d'abord son attention. Les moutons consti-
tuaient le rapport de la ferme et sans doute,
plus tard, le louage des béliers conduisit au
louage des taureaux.

Bailay écrivait en 1810, après quarante ans d'expérience, du comté de Durham que : « Robert avait fréquemment croisé avec des taureaux Shorthorns améliorés les meilleures vaches de Kyloë qu'il pût se procurer ; les produits obtenus étaient très gros et plus précoces que le pur Kyloë, mais à présent, il a abandonné cet élevage trouvant que les purs Shorthorns sont plus profitables. »

Quoique M. Robert Colling eût plusieurs familles et qu'il eût puisé chez différents éleveurs pour la formation de son troupeau, on peut dire que la majorité des animaux qui firent partie de la vente de 1818, descendaient de quatre familles dont nous allons à présent rendre compte.

Il paraît que quelques-uns de ses plus anciens animaux venaient de M. Millbank, de Barningham, environ en 1780. On les considérait comme composant le meilleur troupeau de Teeswater et ils étaient notés pour leurs excellentes qualités au pâturage. L'origine de *Yellow Cow* (vache jaune) par *Punch* venait de ce bétail et ses descendants furent *Venus*, lot 19 ; *Clara*, lot 29 ; *Diamond*, lot 62, tous vendus à des prix élevés dans la vente de 1818. De *Diamond*, M. Dickson, dans son essai de jugement, dit qu'il était petit, d'une magnifique symétrie, et d'un parfait modèle avec un beau poil épais. La *Yellow Cow* par *Punch* produisit une génisse par *Favourite*, 252, laquelle génisse fut mère de *White Heifer that travelled* (la génisse blanche qui voyagea). Aucun acte ne donne la date de la naissance de cette génisse blanche (qu'on suppose être de 1806), mais la mode de ce temps de nourrir pour arriver à un énorme poids et les succès de John Day, dans ses voyages avec le bœuf *Durham ox*, engagèrent deux bouchers à acheter la vache pour l'exposer. Différents de John Day, ils ne laissèrent aucun ouvrage sur « la pureté de son origine », ni sur leurs voyages à travers le pays. Une petite note à la main parle seule des mérites de la *White Heifer*. Elle est conçue comme suit : « A voir dans les étables des Trois-Rois, *Piccadilly*, près le Glo'ster Coffée House, la plus grande merveille du monde dans l'espèce. La merveilleuse génisse grasse de Durham de la race des Shorthorns améliorés qui pèse 306 stones (de 8 livres), élevée et nourrie par Robert Colling, près Darlington, comté de Durham. Elle est sœur (sœur consanguine) du bœuf *Durham ox* et du taureau favori *Comet* qui fut vendu pour 1,000 guinées à la vente de

Charles Colling, à Ketton, et pour lequel on a offert depuis 1,500 guinées. Cette génisse est à présent la propriété de MM. Robinson et Spack. Il est particulièrement digne de remarque que cette génisse était une jumelle. Un fidèle portrait de cette magnifique génisse à été fait par MM. Veaver de Shrewsbury. » M. Bailey dit aussi que : « M. Robert Colling a une génisse blanche de quatre ans, le parfait pendant du bœuf de son frère Charles, étant, comme lui, complètement couverte de graisse par-dessus toute sa carcasse ; on estime qu'elle pèse 130 stones (de 14 livres). »

La *Yellow Cow* conduite à *Favourite* produisit *North Star*, 459, lot 55. A l'époque de la vente, il avait onze ans. C'était un grand vieux taureau avec un bon poil et un bon maniement. M. Wetherell l'employa deux ans à Holm House, M. Wiley l'eut aussi pendant une période de temps pour 120 guinées, ainsi que M. Hustler. Il était père de la génisse la plus haut payée, *Sweetbrier*, lot, 38, et aussi de *Golden Pippin*, lot 9.

Il paraît que *Venus* produisit le taureau *Adonis*, 7, et une génisse chez l'honorable J. B. Simpson. *Clara* produisit deux taureaux (l'un d'eux, *Eryholme*, 1018) et une génisse

chez M. Thomas. Sir H. Vane Tempest acheta
à l'amiable à M. Robert Colling *Tragedy*,
appartenant à cette tribu, et nous croyons
que dans le troupeau de sir Charles Kinght-
ley, on peut encore retrouver des descendants de cette famille.

Une autre tribu (*Wildair* ou *Hubback tribu*)
venait à l'origine du troupeau de sir William
Saint-Quintin, de Scampton, dont la famille
(comme le dit Strickland dans son récit sur
l'inspection du district d'East Riding) intro-
duisit un taureau et des vaches de Holstein,
semblables aux animaux du Holderness, mais
de qualité supérieure. Leurs descendants
purent être retrouvés bien des années après
dans le voisinage de Lowthorpe où ils étaient
gardés. C'était la famille favorite de M. Robert Colling qui considérait (d'après le major
Rudd) que cette race venait de la même
source que *Hubback*, 319. Les deux sœurs,
Juno, lot 3, et *Diana*, lot 4, étaient de cette
tribu ainsi que *Wildair*, lot 7, et *Nonpareil*,
lot 23. Cette dernière vache, la plus cher
payée, était une belle rouanne, considérée
comme la plus belle bête de la vente et
comme une des plus belles vaches qu'on ait
jamais vues. Sa génisse *Sweetbrier*, lot 38,
achetée par M. Maynard, était rouge et blan-

che et atteignit le plus haut prix parmi les génisses.

Marske, 418, était de cette famille et quoique dans sa onzième année, il atteignit 50 guinées. Il avait été précédemment loué à M. Hutton, de Marske, d'où son nom, à M. Bates, à lord Strathmore.

Le comte Spencer n'eut pas de chance avec les acquisitions qu'il fit, car la plupart des produits des animaux achetés, moururent ou furent des veaux mâles. L'honorable J. B. Simpson ne fut pas plus heureux avec les siens.

A la vente de M. Maynard, en 1839, les descendants de *Sweetbrier* atteignirent les plus hauts prix. *May Rose* (vendue 103 guinées), l'un d'eux, fut achetée par M. Wetherell pour M. Fox (Irlande), chez lequel elle engendra quatre veaux et fut acquise, en 1841, par M. Parkinson, de Leyfields.

Formosa (vendue 38 guinées), venant de la mère de *May Rose,* fut achetée comme génisse par M. Houldsworth, de Farnsfield, et à sa vente en 1841, M. Torr acheta sa génisse *Flora of Farnsfield,* comme Yearling, pour 44 guinées. C'est de cette génisse qu'est issue la tribu des *Flower* comprenant les animaux les plus renommés d'Aylesby, et remontant directement à cette famille préférée par Robert Colling.

Wildair, à lord Feversham, produisit une génisse, *Phœnix* et quatre taureaux dont *Emperor*, 1013. A Barmpton, elle produisit d'abord *Caroline*, lot 16, et le célèbre taureau *Harold*, 291, lot 64. Ce taureau blanc fut employé par M. Wiley et alla chez MM. Whitaker, Alderson et Earnshaw.

Dans la vente de 1820, la femelle la plus haut payée appartient aussi à cette tribu. Ce fut *Young Nonpareil*, lot 27, vendue pour 151 guinées à M. W. Smith. Elle engendra trois taureaux et fut vendue en 1827 au comte de Chesterfield. Son fils, *Eclipse*, 238, lot 52, fut employé par MM. Cradock et Charge.

Golden Pippin, lot 9, et *Clarisse*, lot 17, étaient évidemment de la même tribu (tribu *Beauty* ou *Punch*). M. Colling eut cette famille de M. G. Best, de Mantield, et son origine remonte plus haut qu'elle n'est indiquée dans le catalogue. *Beauty*, qui venait de la vache qui produisit *Punch*, 531, obtint un premier prix à Darlington. Sa supériorité fit prendre note de *Punch*, 531, taureau, jaune-rouge, et M. Roocke affirma, d'après M. Hutchinson, que ce taureau avait en lui un peu de sang Kyloë, à cause des croisements que M. Colling fit avec cette race et de la ressemblance des produits de *Punch* avec cet élevage. Les deux frères nièrent fortement le fait.

Punch était le père de la mère d'*Old Daisy*, à M. Charles Colling, dont la petite-fille *Lily* fut la vache la plus payée à la vente de Ketton. Il était aussi le père de *Ben*, 70, et de *Twin Brother to Ben*, 660, tous les deux employés par M. Booth. M. Robert Colling disait que *Ben* avait le meilleur sang, et ce taureau produisit la mère de *Red Rose*, lot 1, et *Old Wildair*, propre sœur du célèbre taureau *Phenomenon*, 491, employé par sir H. Van Tempest et que M. Parrington considérait comme un plus beau taureau que *Comet*. Ce sang est heureusement encore conservé.

M. Whitaker éleva *Nonsuch* et d'autres produits de *Golden Pippin*. Cette famille alla chez M. Maynard d'où elle est passée, après différents changements, au possesseur actuel, M. Adkins de Milcote.

Il n'est pas fait mention de l'origine de la tribu de *Red Rose*, lot 1. Cette vache était la propre sœur d'*American Cow*, la première vache nommée dans la famille actuellement à la mode des *Cambridge Rose*. On dit que l'*American Cow* tira son nom d'avoir été en Amérique dans le commencement du siècle. Elle fut élevée par M. Robert Colling et vendue par lui quand elle était jeune pour aller en Amérique. Quand la famille de *Red Rose* et de *Moss Rose* acquit un grand renom, elle fut ramenée en Angleterre par M. Hustler et produisit à Acklam en 1811, *Red Rose*, par *Yarborough*, 705, pour laquelle M. Hustler refusa 400 guinées et que M. Bates acheta, en 1819.

A l'époque de la vente, *Red Rose* était âgée de 17 ans. Elle avait été une magnifique vache, mais était très grasse par places ; elle avait de larges boules de graisse sur la croupe, tandis que ses quartiers de devant étaient maigres.

Moss Rose, lot 2, sa fille par son propre père, *Favourite*, était une très bonne vache, une belle rouanne, très égale, large et massive, de belle symétrie et qualité, mais de l'opinion de quelques-uns un peu petite.

Red Rose a été une excellente productrice, plus particulièrement de taureaux, parmi lesquels furent *Miner*, 441, employé par lord Strathmore et M. Jobling, avec lequel il eut *Wellington*, 683 ; *Midas*, lot 56, un beau grand taureau avec des quartiers de derrière hors ligne ; *Baronet*, lot 60, et *Pilot*, lot 65. Elle était aussi grand'mère de *Regent*, lot 61, à lord Spencer. De ces taureaux, *Midas*, 435, avait été loué à M. Robertson Ladykirk, pour 3 ans, au prix de 300 guinées, à M. Arbuthnot pour 2 ans à 300 guinées, et aussi dans le Yorkshire, faisant en tout, en location et en vente 1,100 guinées. Sir W. Cooke surenchérit pour lui, mais le taureau resta à M. Wiley pour 270 guinées. *Midas* mourut subitement à Brandsby, n'ayant eu que deux veaux. M. Wiley retourna chez M. Colling, fort contrarié, et lui demanda à employer *Barmpton*, 54, mais M. Colling ne voulut s'en dessaisir pour qui que ce fût, parce qu'il le considérait comme un des meilleurs taureaux qu'il eut jamais. Les deux veaux de *Midas*, 435, devinrent cependant d'un grand rapport ; l'un était *Midas*, 1230, et l'autre le fameux *Grazier*, 1085. Ce taureau devint une grande célébrité ; il fut employé trois ans par sir John Johnston, qui le baptisa *Grazier* à cause de ses qualités de mangeur. M. W. Smith, de West Rasen, l'eut deux ans, M. Slater un an et lord Feversham et le comte de Carlisle pendant quelque temps. Il retourna alors chez son propriétaire et fut employé par M. Wiley et ensuite dans sa vieillesse par sir John Ramsden, chez lequel il mourut dans sa quatorzième année et il fut enterré dans sa peau. C'était un beau taureau massif, rouge foncé, avec un peu de blanc dans ses quartiers de devant.

Baronet, 62, également un bon taureau, fut loué par sir Charles Loraine, qui l'acheta en 1820, et il saillit cinq vaches à M. Wetherel au prix de 10 guinées chacune.

Pilot, 496, a été décrit dans l'*History of the Booth cattle* de M. Carr. C'était un taureau rouge et blanc, plutôt petit, mais d'une bonne qualité et bon reproducteur. A l'époque de la vente, M. J. G. Dixon, de Caistor, et le major Rudd, se cotisèrent afin d'acheter un bon taureau, et M. Dixon surenchérit de 100 à 250 guinées, par surenchères de 10 guinées, en opposition avec M. Thomas Booth, qui l'acheta à 270 guinées.

La fille de *Red Rose*, *Rosette*, lot 20, fit 300 guinées et engendra quatre génisses dont il n'existe à présent aucune trace. A l'âge de 11 ans, elle fut vendue à la vente de lord Althorp, en 1825, pour 25 guinées.

Ruby, lot 32, fut la seconde femelle du plus haut prix, à 331 guinées, et elle alla dans le grand troupeau de M. Robson, qui, dit-on, a contenu plus de célè-

bres vaches qu'aucun autre troupeau du Lincolnshire.

Moss Rose avait produit quatre veaux, trois
taureaux (*Barmpton*, 54, *Lancaster*, 360, et
un qui mourut jeune) et une génisse, *Young
Moss Rose*, lot 18, qui alla chez lord Favers-
ham pour 190 guinées. Cette dernière produisit une génisse, lot 33, à Barmpton, qui
alla avec *Ruby*, lot 32, dans le Lincolnshire
et deux génisses à Duncombe, dont l'une,
Beauty, par *Baron*, 38, a laissé des descendants qui existent encore maintenant à
Stockeld Park.

Barmpton était un taureau rouan de petite
taille, aussi pur que sa mère, et il eut de
splendides produits ; il avait un dos très large,
de jolis quartiers, mais des épaules un peu
droites ; la plupart des génisses aux deux
ventes étaient de lui. M. John Wright l'employa deux ans, d'abord à 60 puis à 70 guinées, et il fut aussi loué à M. Brooks et à
M. Codd dans le Lincolnshire. Ses produits
étaient considérés comme meilleurs que ceux
de *North Star*. Son père, *George*, 275, était
un superbe taureau et un excellent produc-
teur ; il tomba par accident et se cassa le
cou, toutefois, pas avant que M. Colling eût
vendu à l'amiable cinq sur six de ses génisses

à 200 guinées chacune. Il était par *Lady Grace*, la mère d'*Empress*, lot 15, grande vache de haute valeur. M. Champion l'acheta avec sa fille, lot 49, mais l'espèce n'existe plus à présent.

Lancaster, 360, était un taureau blanc de belle qualité, mais étroit, maigre, décharné et petit. Il fut loué au major Rudd, chez qui, à l'époque de la vente, se trouvaient dans le même pâturage quatorze génisses extraordinaires âgées de 2 ans et venant de lui ; elles eurent de la renommée dans le pays. C'est peut-être pour cette raison, jointe au fait d'être issu d'une si bonne vache et d'avoir sailli tout le troupeau, qu'il fut vendu si cher. M. Whitaker était le plus actif enchérisseur et poussa le taureau à 620 guinées ; cependant le commissaire-priseur adjugea contre lui, une guinée de plus ayant été offerte par MM. Smith et Simpson. M. Whitaker eut alors le taureau de M. Charge, *Frederick*, 1060. Le bruit courait que *Lancaster* était délicat et n'avait pas de santé, mais il eut des produits jusqu'en 1827 et à la vente de l'honorable J. B. Simpson, en 1838, M. White, le commissaire-priseur, faisant allusion à ce bruit, dit qu'avant de quitter la ferme, le taureau avait laissé des produits âgés de 10 ans. Excepté les *Cambridge Roses* et ceux de Stockeld Park, nous croyons qu'il reste peu d'animaux que l'on puisse faire remonter à cette magnifique famille.

Les deux génisses de prix, lots 41 et 43, achetées par M. Wetherell, ne furent pas heureuses. Quand elles furent en âge, on les envoya chez M. Mason pour être saillies à 15 guinées chacune. *Lady Ann* mourut pleine de deux jumeaux, et *Cleopatra* eut une génisse qui n'aboutit pas. C'étaient deux magnifiques génisses.

Cowslip, lot 40, produisit une génisse par *Ratify*, 2481, nommée *Young Cowslip*. Cette génisse fut vendue à M. Dudding, de Panton, et produisit une grande famille d'où venait la tribu *Ursula*, de M. Rich, et beaucoup d'autres des ventes de Panton.

On sait peu de chose des autres sources d'où M. Robert Colling tira ses espèces, excepté que, à l'imitation de M. Charles, il choisissait les meilleures espèces du comté chez ses voisins et que, parfois, il achetait à la foire de Yarm. M. Watson, de Stapleton, M. Alexandre Hall, de Hanghton, M. Wright et M. Best, de Manfield, fournirent des femelles, et quelques-unes vinrent de chez M. Hill, de Blackwell (voyez lot 10). Ce fut de cette espèce de M. Hill que le capitaine Turnell, de Reasby (Lincolnshire), eut ses premiers bestiaux, qui furent la souche du sang rouge de Turnell, si connu et encore si apprécié dans le Lincolnshire sud.

La lettre suivante de M. Hutchinson a rapport aux lots 35 et 36 : « En octobre 1818, quand parut le catalogue de la vente de M. Robert Colling, je fus heureux d'y remarquer deux génisses, *Jessy* et *Jewel*. Leur mère venait du troupeau de feu M. Hill, de Blackwell. Elles étaient annoncées jumelles par *Wellington* et la première pleine par *Barmpton*, l'autre par *Lancaster*, deux taureaux très estimés. *Jessy* me sembla une excellente génisse et la meilleure des deux. Mon idée était que cette génisse du troupeau de Blakwell, ayant deux croisements avec le taureau de tête de Robert Colling, serait une meilleure spéculation et deviendrait, pour engendrer de meilleurs sujets, plus propre qu'aucune vache ou génisse parmi celles alors considérées comme pur sang et destinées à fournir des générations innombrables. A l'arrivée de *Jessy* sous le marteau, je devins son acquéreur à 43 guinées, le plus bas prix donné ce jour-là pour une femelle, à l'exception d'une vache de 6 ans du même élevage,

Old Blakwell. M. Brown, de Welbourne
(Lincolnshire), acheta immédiatement après,
Jewel, sa sœur jumelle, pour 50 guinées.
J'étais très satisfait de mon marché et
M. Brown aussi du sien. Dans le mois d'avril
suivant, *Jessy* me donna une génisse très
petite et très délicate, qui cependant, grâce
à de grands soins, fut élevée et est maintenant une génisse que j'invite les connaisseurs
à examiner. Elle est d'une magnifique et
merveilleuse apparence et peut sans risque
défier la comparaison pour l'excellence avec
les vaches du plus haut prix du jour. *Jessy*
m'a depuis produit avec mes propres taureaux, deux génisses qui promettent de deve-
nir de magnifiques vaches et elle donne
à présent douze quarts de lait par repas, six
mois après avoir vêlé. »

La vente de 1820 contenait ceux des
Shorthorns qui n'avaient pas été en condition pour la vente de 1818, et le troupeau
vulgaire de la ferme dont quelques individus
seulement étaient de pur sang. À cette vente,
M. J. G. Dixon, de Caistor, fut acquéreur
de deux lots. M. Charles Colling était présent et lui dit qu'on ne devrait jamais perdre
de vue le sang de Barmpton, car c'était celui
d'une des meilleures tribus.

Strawberry était destinée à la première vente, mais elle vêla et n'étant plus en condition, fut alors gardée jusqu'en 1820. Sur le long chemin qu'elle fit pour aller chez son propriétaire elle vêla, mais elle produisit bien ensuite.

Young Strawberry, sa fille, eut un prix à l'âge de 16 ans et vécut jusqu'à l'âge de 27 ans. Des descendants de ces vaches sont encore en possession de M. Dixon, et leurs produits mâles ont été disséminés chez les fermiers de Lincolnshire, au grand avantage des troupeaux du district.

Hubback, dont on a parlé dans le chapitre des Shorthorns de Ketton, fut un des premiers taureaux employés par M. Robert Colling. Dix-sept vaches furent saillies par lui pendant la saison et en novembre, car le taureau fut acheté à Pâques. M. Charles Colling dit que si le taureau avait terminé son travail pour la saison, il en donnerait 8 guinées. Il fut vendu le prix qu'il avait coûté à l'origine, 10 guinées, partagées entre M. Robert Colling et M. Waistell. Le taureau blessa un poney gris que M. Robert Colling avait l'habitude de conduire et devint un peu inquiétant.

Manfield, 404, fut employé dans une période primitive.

Broken Horn, 95, semble avoir succédé à *Hubback* et fut suivi par *Punch*, 531, *Favourite*, 252, *Comet*, 155, *Wellington*, 680 (un très beau taureau employé quatre saisons) et d'autres taureaux, comme il est indiqué au catalogue. Robert employa aussi les taureaux de son frère à Ketton.

C'était dans le Northumberland, le Durham, le Yorkshire et le Lincolnshire, qu'étaient la plupart des loueurs de taureaux, et les acheteurs à ces ventes vinrent de ces comtés ainsi que de ceux de Nottingham, Leicester, Northampton. Culley, dans son *Aperçu général de l'agriculture du Northumberland*, dit : « La location des taureaux est si pratiquée dans le comté que l'on a payé jusqu'à 50 guinées pour une saison pour un taureau de la race des Shorthorns et de 3 à 5 guinées ont été payées pour la saillie d'une vache, mais le prix ordinaire moyen est d'une guinée. » Les principaux loueurs étaient Lord Strathmore, M. Jobling, M. Jobson, M. Gibson, colonel Trotter, Major Rudd, M. Baker, M. Barker, M. Booth, M. Buston, M. Hustler, M. Wetherell et M. Wiley. M. Jobson écrit aussi qu'antérieurement à 1773, son père eut des taureaux de Durham et que ce dernier croisement de la tribu bien connue de *Sonsie* a eu lieu avec un fils de *Ben,* 70, ou avec *Punch,* 531.

A la vente de 1818, on demanda à M. Robert Colling *qui a le meilleur sang?* « Eh! répondit-il, je crois que le Lincolnshire possède le plus de mon meilleur sang. » Ceux du Lincolnshire qui élevèrent, furent M. R. Ostler, M. Skipworth, à Aylesby, M. W. Brooks et M. Cropper, à Lacéby, M. J. Grant Wyham et M. Codd, à Holton, tous demeurant dans le district entre Grimsby et Caistor.

Les taureaux étaient légèrement ferrés et marchaient de huit à neuf milles par jour, sans considération de leur âge. Les taureaux les plus remarquables furent le propre frère de la génisse blanche *Withe Heifer, Aylesby,* 44, *Barmpton,* 54, et *Major,* 398.

Major, 397, à M. Charles Colling, acheté à la vente de Ketton, était estimé le meilleur des deux.

Il n'est pas question dans cette note de la célèbre vache *Princess,* appartenant à sir H. Vane Tempest, ni du troupeau du colonel Trotter. Ces deux éleveurs, ainsi que M. Robertson, M. Champion et d'autres, achetèrent à l'amiable à M. Robert Colling.

Il sera probablement parlé de la tribu

Princess dans un article ultérieur, lorsque le catalogue de sir H. Vane Tempest sera réimprimé, mais le nom des *Sylph* (*Sweet-hearts* et *Charmer*) et des *Mantalinis*, les premières descendant de *Russell*, les dernières de *Alpine*. Ces deux vaches, issues du taureau de M. Robert Colling, *Son of Favou-rite*, 252 (fils d'une vache, par *Punch*) et provenant du troupeau du colonel Trotter sont évidemment, même à présent, la preuve de l'excellente espèce originelle de Barmpton.

On a dit que les animaux de M. Robert Colling étaient délicats. Il y a peu de preuves de cela et cette légende a pu venir de la délicatesse des bestiaux de M. Champion. M. Paley dit que la corruption de la famille de *Warrior*, 673, venait de *Diana*, lot 4, et le fils de M. Champion attribue à *Charles*, 127, de M. Mason. M. Bates l'attribue aussi de la délicatesse à *Saint-John*, 572, de M. Mason. Le sol et l'atmosphère peuvent avoir contribué à cette délicatesse. Ceux qui ont vu le troupeau dans ses meilleurs jours avant et pendant les ventes, disent que les bestiaux ont toujours été en bonne condition et montraient de vigoureuses constitutions. On peut cependant considérer comme un fait singulier, qu'il ne reste, à présent, presque plus de descendants de ceux de ces animaux qui allèrent dans le district de Redford (Nottingham), tandis qu'il y en a des quantités issus du sang de ceux qui allèrent dans le Yorkshire, le Lincolnshire et le district de Lake, où les jaunes rouans et rouges étaient regardés comme de pur sang, le rouge foncé n'étant pas en faveur.

Quoique la moyenne de la vente de Barmpton, en 1818, fût au-dessous de celle de Ketton faite en 1810, il y a bien des raisons de croire que celle de Barmpton fut la meilleure. En 1810, les choses étaient au prix de guerre et tout était cher, tandis qu'en 1818 on était en paix et en dépression générale pour l'agriculture. Le sang mêlé dans les espèces de Ketton tendait aussi à donner l'avantage aux espèces plus pures de Barmpton. M. Wetherell dit que les taureaux formaient le plus beau lot qu'il ait jamais vu dans une vente. Ils doublèrent la moyenne des vaches, et prenant la tribu la plus payée à Ketton en comparaison avec celle la plus payée à Barmpton, nous obtenons le résultat suivant en faveur de Barmpton : A Ketton, la tribu des *Phœnix*, 16 sujets (y compris *Comet* à 1,000 guinées), faisait une moyenne d'environ 221 livres. A Barmpton, la tribu des *Red Rose*,

11 sujets (y compris *Lancaster* à 621 guinées), faisait une moyenne d'environ 269 livres et les 13 *Wildairs*, une moyenne d'environ 142 livres.

M. Robert Colling fut toujours opposé à l'emploi que son frère avait fait de *Grandson of Bolingbroke*, 280, et dit à M. Wiley qu'il ne croyait pas le troupeau de son frère ni le sien meilleurs que d'autres bons troupeaux, et ne faisait d'exception que pour la tribu de *Phœnix*. En 1815, il écrivait : « Tout ce que je sais dans l'art d'élever des bestiaux, je le dois à M. George Culley. »

Robert était un homme digne et réservé, l'opposé de son frère Charles, bon dans ses manières et droit dans les affaires, tenant bonne maison, fréquentant bonne société et aimé de tous ceux qui le connaissaient. Robert fut un des premiers disciples et des amis les plus intimes du grand Bakewell, et il y a peu de doute que le grand principe de l'élevage *in and in* de M. Bakewell fut pratiqué par les Colling avec le plus grand succès.

Dans une comparaison des deux troupeaux, un juge bien connu, qui avait vu les deux, remarqua que celui de Robert Colling n'était pas aussi bon que celui de Charles. Quoique les animaux de Robert fussent grands, plus grands même que ceux d'à présent, ils étaient moindres de taille, de côtes, cette suprême qualité qui distinguait la race de Ketton. Il est toutefois digne de remarque, qu'à présent, juste un demi-siècle après ces grandes ventes, la mode du jour est pour l'élevage, *in and in*, des animaux d'après le principe de Robert Colling, entre sujets de même parenté, de la manière la plus resserrée, sans espèces différentes.

Le monde entier (spécialement l'Angleterre) a bénéficié considérablement des efforts de ces deux frères et de leur grand maître Bakewell. Depuis eux, bien des acres ont été cultivés et les troupeaux ont considérablement augmenté en nombre ; pourtant les deux frères étaient déjà de grands améliorateurs et ils vécurent dans un temps où le perfectionnement pouvait être obtenu avec le plus de succès.

Nancy, imp. Berger-Levrault et Cⁱᵉ.

www.ingramcontent.com/pod-product-compliance
Lightning Source LLC
Chambersburg PA
CBHW051638060726
47597CB00004B/1627